AF498336

DIALOGUE

ENTRE

JEAN-JACQUES ROUSSEAU

ET RIGOMER BAZIN.

« Il faut que le plaisir de gouverner soit bien grand,
» puisque tant de gens veulent s'en mêler. »

VOLTAIRE.

ON vient de publier les Mémoires de madame d'Epinai, de laquelle il est souvent parlé dans les Confessions de J.-J., et où elle parle beaucoup à son tour de cet illustre écrivain. La mention qu'elle en fait a valu à son livre une vogue étonnante; il est entre les mains de tout le monde, tant la mémoire de Rousseau est chère aux Français! Les récits de cette femme font voir que les griefs de Jean-Jacques contre Grimm et Diderot étaient exagérés, mais n'étaient pas sans fondement. C'est la conduite de ces deux hommes envers lui qui a ouvert son âme sensible à la défiance et aux angoisses. Si la raison de Rousseau parut périr par le feu d'une imagination trop ardente; s'il devint misanthrope par excès même de sensibilité, qui n'a pas plaint mille fois, dit Chénier, ce sublime infortuné à qui la nature avait vendu si cher les dons du génie? En lisant ses derniers écrits, rêveries d'un cœur malade, qui n'a pas, en idée, versé sur ses blessures profondes le baume de la consolation ? Qui n'a pas mouillé de larmes respectueuses ses pages éloquentes et mélancoliques ?

Dès qu'il eut mis le pied dans l'Elysée, son imagination se calma, son esprit cessa d'être ombrageux, toutes les illusions, dont il avait été le jouet pendant sa vie, se dissipèrent. Mais on ne perd pas entièrement dans l'Elysée les goûts qu'on avait dans notre monde ; on sait que J.-J. n'aimait pas les pays de plaines ; et quoique son nouveau séjour lui offrît par-tout un spectacle enchanteur, il préférait un endroit où s'élevaient des collines charmantes. Toujours amant de la solitude, il ne fréquentait guères que Fénélon. Rigomer désirait beaucoup de s'entretenir avec lui sur des matières de politique ; il épiait depuis long-temps le moment favorable ; enfin il l'aperçut un jour sur le penchant d'une colline, à l'ombre d'un oranger ; il courut à lui, et voici leur entretien.

Rigomer.

Que ce moment est agréable pour moi ! Que je me félicite de voir celui dont je fis toujours gloire d'être le disciple, et dont je ne cessai d'admirer l'éloquence et le génie !

Jean-Jacques.

Les éloges que vous me donnez, m'ôtent le droit de vous en rendre (1) ; Fénélon m'a dit que vous aviez péri dans un combat

___

(1) Phrase de Rousseau, dans sa lettre à d'Alembert, sur les spectacles.

singulier. Sont-ce là les leçons que vous
aviez puisées dans mes ouvrages?

RIGOMER.

J'ai lu et relu cent fois, avec un plaisir
toujours nouveau, votre admirable lettre
contre le duel. Vos raisons m'ont paru sans
réplique. Mais, vous le savez, l'inconsé-
'quence est le partage des faibles mortels;
rarement leurs actions sont d'accord avec
leurs principes.

JEAN-JACQUES.

Les fautes dont on a porté la peine, méri-
tent de l'indulgence. D'ailleurs les circons-
tances particulières qui ont précédé votre
combat, vous excusent à mes yeux. Mais
laissons cela. Quel parti mon disciple a-t-il
pris dans la révolution française?

RIGOMER.

Celui de la liberté et de la république;
comme vous me l'auriez conseillé vous-
même.

JEAN-JACQUES.

Ah! la liberté! les Français en ont bien
défiguré l'image. Ils l'ont ensanglantée. Que
de plaies ils ont faites à l'humanité! Douce
et sainte liberté! ce ne fut pas là ton ou-
vrage, ce fut le fruit impur de la licence et
de l'anarchie!

RIGOMER.

La liberté naissante était ménacée de
toutes parts. Mais, semblable à Hercule. elle
était forte dans son berceau, et déploya sa
vigueur contre ses ennemis, qui ne se mon-

trèrent pas moins cruels qu'une partie de ses défenseurs. Je dis une partie, car les loyaux amis de la liberté n'ont point trempé dans les horreurs commises par les énergumènes qui déshonorèrent une si belle cause, et corrompirent le don du Roi même.

JEAN-JACQUES.

Vous avouez que bien des excès ont été commis des deux côtés. Les excès des uns ne justifient pas ceux des autres. La voix de l'humanité condamne également la conduite sanguinaire des deux partis. J'ai dit que, si la révolution que tenterait un peuple pour recouvrer ses droits, devait coûter la vie à un seul homme, il ne fallait pas l'entreprendre.

RIGOMER.

Vous n'avez pas prétendu sans doute qu'on prît cette expression à la lettre. Autrement vous mettriez les oppresseurs des nations bien à leur aise. Est-ce que vous voudriez refuser à un peuple le droit de ressaisir sa liberté, même aux dépens de plusieurs têtes ?

JEAN-JACQUES.

Plusieurs d'entre vous avaient conçu le dessein d'établir la démocratie en France. *S'il y avait un peuple de Dieux, il se gouvernerait démocratiquement. Un gouvernement si parfait ne convient point à des hommes.*

RIGOMER.

Aussi les plus sages voulurent-ils fonder une république représentative.

Jean-Jacques.

J'ai dit que la volonté ne pouvait se représenter ; je pense autrement depuis que je suis ici.

Rigomer.

Pleins de l'idée des républiques de l'antiquité, où le peuple florissait à l'ombre de l'arbre de la liberté, nous crûmes devoir les prendre pour modèles, et enchérir même sur elles.

Jean - Jacques.

Enchérir sur les anciens ! Vous ne deviez songer qu'à suivre leurs traces de bien loin. Qu'ont de commun, je ne dis pas seulement les Français, mais les Hollandais, etc., avec les Romains et les Grecs ! Egoïstes, avides, contens quand ils trouvent de l'or à voler et des femmes à corrompre (2) ; voilà quels sont presque tous les peuples de l'Europe moderne. Est-ce avec ces matériaux qu'on peut bâtir un édifice républicain, aussi beau que ceux de Grèce ou de Rome ?

Rigomer.

Ce portrait ne ressemble plus aujourd'hui aux Français. La révolution a retrempé les âmes de la nation ; un grand nombre d'entre eux se sont montrés de dignes émules des héros des temps antiques. Les paysans, jadis

---

(2) Propres paroles de Rousseau : *Gouvernement de Pologne.*

si dégradés, ont de la noblesse dans les sen-
timens, et un ardent amour de la liberté.

JEAN - JACQUES.

Je ne croirais pas à un tel prodige, s'il
ne m'était attesté par un habitant de l'Elysée. Vous me direz tout ce qu'il vous plaira,
il est impossible à un aussi grand Etat que
la France, de se passer d'un Roi (3).

RIGOMER.

Aussi l'assemblée constituante établit elle
une monarchie tempérée.

JEAN - JACQUES.

Dites plutôt qu'elle établit un simulacre
de royauté. Cette assemblée avait de beaux
discoureurs et point d'hommes d'Etat, des
faiseurs de lois et point de législateurs. Elle
posa des bornes trop étroites à l'autorité du
Roi; elle ne lui laissa presque rien à faire.
Si le monarque eût été investi de pouvoirs
suffisans, il aurait contenu les factieux, ou
se serait défendu contre eux; la France
n'aurait pas à se reprocher un horrible
attentat.

RIGOMER.

La France n'en fut pas complice. Si cette
grande affaire eût été portée devant le tri-
bunal de la nation, comme le voulaient
Vergniaud et ses amis que vous voyez ici,
le trône n'eût point été ensanglanté.

---

(3) *Ibidem.*

JEAN-JACQUES.

J'avais prédit la révolution, ainsi que Voltaire, Mabli et plusieurs autres philosophes. Dès notre temps, on commençait à apercevoir des symptômes et des nuages précurseurs de l'orage.

RIGOMER.

Les philosophes l'avaient prévue, leurs successeurs en ont été regardés comme les moteurs. Mais peut-on imputer à la philosophie la proscription des philosophes (4) ? Ils n'en ont pas même été les complices, puisqu'ils en ont été les victimes.

Quelques-uns ont fait d'autres rêves.

L'histoire seule, en interrogeant les vestiges de cette époque, pourra peut-être dire un jour quelle puissance déchaîna les tempêtes sanglantes au sein desquelles fût fondée la république française.

JEAN-JACQUES.

Quand on veut remonter aux causes éloignées d'un événement, on est réduit à de pures conjectures : les plus habiles s'y sont souvent trompés.

RIGOMER.

La cause évidente de ce grand mouvement, fût le *déficit* dans les finances.

----

(4) Robespierre a écrit que les philosophes s'étaient déshonorés dans la révolution. On sait ce que cela signifie dans sa bouche.

Si l'Assemblée des notables que convoqua Louis XVI, eût fait le sacrifice de ses priviléges, le vide eût été comblé. Si le parlement de Paris eût enregistré l'impôt territorial et l'édit du timbre, le but désiré eût été atteint ; le Roi n'eût pas été obligé de convoquer les Etats-Généraux, et il n'y aurait point eu de révolution. Vous voyez par-là que les plus grands ennemis de la révolution ne sont pas exempts de reproches.

JEAN - JACQUES.

Lorsque tous ont failli, chacun doit accorder l'absolution aux autres pour l'obtenir lui-même.

RIGOMER.

Ah! ce n'est pas ainsi que l'entend l'esprit de parti. Il est en France des esprits turbulens qui cherchent à semer la division. Les plus envenimés de tous, sont ceux que l'on appelle ultrà - royalistes. Ambitieux à la fois de la tyrannie et de la servitude, ils sont les ennemis de la Charte, qui met les faibles et les paysans à l'abri de leur oppression. Les ultrà sont fort dévots, mais ils ne le sont pas comme des anges ; car ils manquent de charité! On leur a présenté en vain la branche d'olivier ; ils l'ont rejetée avec dédain ou brisée avec fureur.

L'ultrà - royaliste confond dans sa haine le royaliste constitutionnel avec le septembriseur.

JEAN - JACQUES.

L'esprit de parti est un malin enchanteur : il est semblable à ces miroirs trompeurs qui défigurent les objets.

RIGOMER.

Des soi-disant Français ont dit qu'on ne pourrait avoir la paix en France, qu'en exterminant tous les patriotes. Un prévôt du Midi, qui voyait des agitations assez légères se manifester dans son arrondissement, dit : *Il faudra faire une journée.*

Comme le miroir que ces messieurs ont devant les yeux, multiplie aussi les objets de leur haine, on verrait le plus grand massacre qui fût jamais, si leurs vœux pouvaient se réaliser. Je suppose que l'on compte en France vingt-sept millions d'habitans ; il faudrait, au compte des ultrà, en tuer au moins dix-huit millions. Comme dix-huit millions d'hommes ne se laissent pas égorger comme des agneaux, la France changée dans une vaste solitude, jouirait en effet de la paix des tombeaux. D'autres exclusifs désirent de voir les alliés prolonger leur séjour en France : je viens d'apprendre qu'un habitant de la ville du Mans a proféré aussi ce blasphême impie. C'est un crime de lèze-patrie. Je ne veux pas souiller l'Elysée du nom de ce personnage odieux, qui mérite l'exécration de tous les Français.

JEAN-JACQUES.

La liberté que le Roi a fait asseoir auprès de son trône, est un spectacle radieux qui me ravit dans l'Elysée, et qui devrait enchanter tous les Français !

RIGOMER.

Les oiseaux de nuit ne peuvent supporter la lumière. L'homme de parti, un bandeau sur les yeux, agite son poignard dans les ténèbres.

JEAN-JACQUES.

J'ai éprouvé aussi ce dont est capable l'esprit de parti pour le plus frivole des sujets. J'ai été persécuté pour des chansons ; lorsque je publiai la lettre où je me déclarais pour la musique italienne contre la musique française, je fus sur le point d'être la victime de ce blasphême d'une nouvelle espèce ; j'étais l'ennemi de la nation ; on m'attendait le soir pour m'assassiner dans les rues. Les zélateurs de la musique nationale voulaient que l'on sevît juridiquement contre moi ; et pour joindre le ridicule à l'atrocité, ils allaient jusqu'à dire, que le goût pour les bouffons (c'est le nom que l'on donnait à des musiciens venus d'Italie), était la cause des désastres des Français pendant la guerre de sept ans, qui commença en 1756, guerre dont les suites furent plus malheureuses que le début n'en avait été brillant.

Quoique je fisse, au milieu de Paris, le sévère censeur et le fier républicain, ces revers me déchiraient les entrailles ; car j'aimai toujours les Français. Mais laissons-là les chansons, pour revenir à l'objet sérieux qui nous occupait. Je voudrais savoir si l'on observe exactement en France la Charte constitutionnelle ?

RIGOMER.

Elle reçoit des blessures assez fréquentes ; ce sont le plus souvent les autorités subalternes qui lui portent des atteintes. Un maire d'une petite ville d'un certain département, a défendu de distribuer, parmi ses sujets, les entretiens qui se font dans l'Elysée : ainsi, ce tyranneau a supprimé la liberté de la presse dans ses petits *Etats*. Cet ennemi des lettres n'a pas les mœurs plus douces que ses pareils (les illétrés). Je pourrais citer des faits : Un infortuné..... mais, chut ! il ne faut pas tout dire, même dans l'Elysée.

JEAN - JACQUES.

La conduite illégale et oppressive de ces petits tyrans, n'est pas propre à faire des royalistes.

RIGOMER.

Le duc d'Angoulême en connaît mieux le secret. Cet aimable prince, en parcourant diverses provinces du Royaume ; en proclamant par-tout l'union et l'oubli, en semant les bienfaits sur son passage, a fait de nombreuses conquêtes à la Royauté.

JEAN - JACQUES.

C'est une conquête bien douce et bien glorieuse que celle des cœurs ; c'est ainsi que l'on fait des royalistes par amour.

RIGOMER.

Il est aussi des écrivains qui attaquent

indirectement avec la plume, la Charte et même l'indépendance du trône.

Jean-Jacques.

Il faut qu'il soit bien doux de gouverner les hommes, puisque tant de gens s'en mêlent, même sur le papier.

Rigomer.

L'écrivain que je me propose de vous citer, soutient deux opinions singulières et incompatibles. Il semble qu'il soit devenu naturel aux gens de parti d'allier ce qui est inalliable. On ferait un volume des contradictions où ils tombent tous les jours.

La première de ces opinions est en faveur du despotisme. Trois mots, suivant l'auteur, renferment l'ordre universel des êtres, et leurs rapports : cause, moyen, effet, sont ces trois mots merveilleux.

Dans l'ordre religieux, Dieu est la cause, le médiateur le moyen, l'homme l'effet;

Dans l'ordre politique, la cause est le pouvoir ou le Roi, les ministres ou les nobles sont le moyen, le sujet est l'effet;

Dans l'ordre domestique, le père est la cause, la femme le moyen, et l'enfant l'effet;

Dans, etc.

Comme ces ternaires se correspondent terme à terme, Roi correspond à Dieu; le pouvoir divin est sans bornes, le pouvoir royal est donc illimité (5).

---

(5) Le peu que l'on dit ici du système de M. de Bonald, suffit pour faire comprendre pourquoi l'on n'en dit pas davantage.

JEAN-JACQUES.

Ah! ah! je comparerais l'architecte de l'esclavage à ces enchanteurs qui bâtissaient des palais avec des caractères magiques, si ce n'était qu'il n'a bâti qu'un chétif château de cartes, que le moindre souffle suffit pour renverser. Tout ce que je puis dire d'un pareil système, est que M. de Bonald en est la cause, le sophisme le moyen, et l'absurdité l'effet.

RIGOMER.

M. de Bonald va maintenant descendre du monde enchanté dans le monde réel, où il ne se dérobera plus à la faible vue des mortels. Je viens à sa seconde opinion. Il a pris sous la protection de sa plume la trop fameuse ligue nommée Catholique par excellence, qui fit la guerre à Henri III, voulait le détrôner, le fit assassiner par les mains d'un moine fanatique, et qui voulut fermer à Henri IV le chemin du trône auquel sa naissance l'appelait. Cependant Henri III était un Roi légitime, il était catholique; mais Henri IV était protestant.

JEAN-JACQUES.

Ce n'était pas une raison pour l'exclure du trône. Les premiers Chrétiens, dont la conduite doit servir de modèles, reconnaissaient l'autorité d'empereurs idolâtres, Ariens.

RIGOMER.

M. de Bonald prétend que les rois se sont

(14)

ligués avec les philosophes pour décrier là
ligue ; que les ligueurs d'autrefois seraient
les royalistes d'aujourd'hui, que les royalistes d'aujourd'hui auraient été ligueurs.

JEAN - JACQUES.

Je doute que ses amis lui sachent gré
de cet excès d'honneur. Ses deux opinions
me paraissent également pernicieuses : l'une
met les nations dans les chaînes du despotisme, qui ne gouverne pas les peuples pour
les rendre heureux, mais qui les rend mal-
heureux pour les gouverner ; l'autre met
les rois dans la dépendance du clergé. Car
puisqu'il faut, selon lui, être dans le giron
de l'église pour être roi, un prince excom-
munié, étant retranché du nombre des
fidèles, perd ses droits à la couronne. Je
ne sais si M. de Bonald avouerait la con-
séquence, mais elle me semble découler de
ses principes.

RIGOMER.

Pourquoi faut-il que l'esprit de parti
étende son bandeau sur tant de talens et
de vertus ?

JEAN - JACQUES.

On paraît disposé aujourd'hui à donner
du pouvoir dans le monde à ceux qui ont
renoncé au monde. Les rois de France ne
doivent pas cependant oublier que des évê-
ques et des moines déposèrent Louis-le-Dé-
bonnaire ; qu'un archévêque seul déposa
Charles-le-Chauve, etc. ; que le Clergé et la

Noblesse refusèrent, dans les Etats de 1614, de reconnaître l'indépendance de la Couronne malgré les instances du Tiers-Etat.

RIGOMER.

Croyez-vous que le Clergé songe à faire revivre ses vieilles prétentions, et à former un Etat dans l'Etat?

JEAN-JACQUES.

L'esprit de Corps est immortel. Les Missionnaires qui parcourent les diverses provinces de la France, éveillent les soupçons; ils font naître les alarmes dans les âmes des amis de la monarchie représentative. A peine, dans votre ville (je le sais d'hier), ont-ils parlé de la soumission au Roi, la veille de leur départ; ils n'ont pas dit un mot de la Charte. Comment ont-ils motivé leur silence? Le jour de la procession aux tombeaux, l'un d'eux feignit de pleurer sur le sépulchre d'un prêtre, condamné à une mort injuste, il y a 25 ans. Cela ne semble-t-il pas fait tout exprès pour réveiller les haines! Thomas a plaisanté sur l'égalité, et formé des Congrégations ou Confrairies. Soit! Mais que signifie la correspondance que l'on établit entre les Congrégations d'hommes des différentes villes? toute association est suspecte. Voudrait-on ramener les Français au temps de la Ligue? Rigomer, rassemblez, pesez toutes ces choses, et vous entreverrez avec moi, dans ces hommes, des apôtres de l'ancien régime!

RIGOMER.

Cela explique la faveur qu'ils ont obtenue auprès de certaines gens.

JEAN - JACQUES.

Cela rend inexplicable la faveur qu'ils
ont obtenue auprès de certains autres.

RIGOMER.

Il paraît que les Missionnaires voudraient
faire un monastère de la France. N'ont-ils
pas dit, dans une ville, qu'il n'importait nul-
lement que les Alliés restassent en France
pendant dix ans, vingt ans, trente ans? que
les Français, débarrassés par eux du far-
deau des richesses, tourneraient plus aisé-
ment leurs regards vers le Ciel?

JEAN - JACQUES.

Pauvre France !

RIGOMER.

Consolez-vous, citoyen , voilà une bonne
nouvelle : on dit que les alliés vont quitter
la France.

JEAN - JACQUES.

Nous fêterons le jour de ce départ dans
l'Elysée, nous répandrons les lis à pleines
mains.

Le Correspondant de l'Elysée.

Au Mans, chez Fleuriot, Imp.-Libr. rue Royale,